BEI GRIN MACHT SICH IHR WISSEN BEZAHLT

AF130034

- Wir veröffentlichen Ihre Hausarbeit,
  Bachelor- und Masterarbeit

- Ihr eigenes eBook und Buch -
  weltweit in allen wichtigen Shops

- Verdienen Sie an jedem Verkauf

**Jetzt bei www.GRIN.com hochladen
und kostenlos publizieren**

Bibliografische Information der Deutschen Nationalbibliothek:

Die Deutsche Bibliothek verzeichnet diese Publikation in der Deutschen National-bibliografie; detaillierte bibliografische Daten sind im Internet über http://dnb.d-nb.de/ abrufbar.

Impressum:

Copyright © 2017 GRIN Verlag
Druck und Bindung: Books on Demand GmbH, Norderstedt Germany
ISBN: 9783668648609

Dieses Buch bei GRIN:

https://www.grin.com/document/414009

Anonym

Welche Rahmenbedingungen müssen geschaffen werden, um den Bedürfnissen von Kindern mit frühkindlichem Autismus im Alter von 4-6 Jahren gerecht zu werden?

GRIN Verlag

GRIN - Your knowledge has value

Der GRIN Verlag publiziert seit 1998 wissenschaftliche Arbeiten von Studenten, Hochschullehrern und anderen Akademikern als eBook und gedrucktes Buch. Die Verlagswebsite www.grin.com ist die ideale Plattform zur Veröffentlichung von Hausarbeiten, Abschlussarbeiten, wissenschaftlichen Aufsätzen, Dissertationen und Fachbüchern.

Besuchen Sie uns im Internet:

http://www.grin.com/

http://www.facebook.com/grincom

http://www.twitter.com/grin_com

Frühkindlicher Autismus

Welche Rahmenbedingungen müssen geschaffen werden, um den Bedürfnissen von Kindern mit frühkindlichem Autismus im Alter von 4-6 Jahren gerecht zu werden?

Hausarbeit

Studiengang Early Education

Inhaltsverzeichnis

Abkürzungsverzeichnis

ICD	International Statistical Classification of Diseases and Related HealthProblems (englisch)
	Internationale statistische Klassifikation der Krankheiten und vewandter Gesundheitsprobleme (deutsch)
WHO	Weltgesundheitsorganisation
ebd.	ebenda

Einleitung

„ Das Leben im Autismus ist eine miserable Vorbereitung auf das Leben in einer Welt ohne Autismus. Die Höflichkeit hat viele Näpfchen aufgestellt, in die man treten kann. Autisten sind Meister darin, keines auszulassen." (Axel Brauns: Buntschatten und Fledermäuse. Hamburg, 2002)

Das Zitat gibt einen kleinen Einblick in das Leben eines Autisten und wie dieser die Welt um ihn herum wahrnimmt. Es ist eine Herausforderung für diese Menschen in einer Gesellschaft wie dieser alleine zurechtzukommen und überhaupt Teil dieser werden zu können. Schließlich erfahren sie aufgrund ihrer Andersartigkeit und ihren vielen Beeinträchtigungen oft Ablehnungen, Misstrauen oder Ausgrenzungen, weil viele Menschen unsicher im Umgang mit Autisten sind oder ihnen einfach das notwendige Wissen fehlt.

Eine gesellschaftliche Ausgrenzung, aufgrund von Defiziten, welcher Art auch immer, lässt sich historisch eigentlich durchgängig belegen. Menschen, die nicht den Normen entsprachen, hatten es immer schwer als vollwertiges Mitglied einen Platz in der Gesellschaft zu bekommen. Mit Hilfe von Gesetzen und Aufklärungskampangen ist verstärkt an einer Verbesserung der Situation mit dem Ziel einer Gleichstellung jedes Individuums gearbeitet worden. So hat am 26. März 2009 die Bundesregierung die UN-Behindertenrechtskonvention ratifiziert. Damit bekennt sich Deutschland zur umfassenden Inklusion von Menschen mit Behinderungen. Inklusion bedeutet, dass alle Menschen gleichberechtigt an der Gesellschaft teilhaben dürfen. Sämtliche gesellschaftliche Bereiche müssen auf die Teilhabe von Menschen mit Behinderungen zugeschnitten sein oder für diese geöffnet werden. Daher sind auch die Bildungssysteme seitens der Bundesländer so zu gestalten, dass sie eine chancengleiche Teilhabe für Kinder mit Beeinträchtigungen ermöglichen. Jedes Kind in Deutschland hat somit ungeachtet einer Behinderung, Verhaltensauffälligkeit oder chronischen Krankheit das Recht auf Teilnahme am Regelunterricht mit nicht-behinderten Kindern.

Jedoch sollte Inklusion schon in Kindergärten anfangen. Denn je früher die Kinder zusammenkommen, umso eher kann sich ein Gemeinschaftsgefühl entwickeln. Durch ein Verstärken des Gefühls von Zugehörigkeit statt Ausgrenzung würde im Laufe der Zeit eine Behinderung für viele wahrscheinlich auch als normal angesehen werden. Berührungsängste könnten genommen und Vorurteile und damit Barrieren abgebaut werden. Doch stellt sich bei der Diagnose Autismus zunächst die Frage, welche Rahmenbedingungen für eine Inklusion geschaffen werden müssen. Kinder mit Autismus zeigen häufig kaum Interesse an engen Sozialbeziehungen, gemeinsamen Interaktionen sowie einer Kommunikation. Manchmal reagieren sie sogar ängstlich und aggressiv auf die Anwesenheit fremder Personen. Jedoch könnte die möglichst frühzeitige Einbindung in eine Gruppe unter fachkundiger Begleitung dazu beitragen, die besonderen Fähigkeiten zu erkennen und zu fördern sowie Folgen der Behinderung abzumildern oder sogar zu beseitigen. Dies erfordert jedoch viel Geduld und führt auch nicht immer zu der gewünschten Verbesserung der besonderen Verhaltensweisen. Daher bestehen heute in der praktischen Umsetzung der Inklusion von Kindern mit Autismus noch erhebliche Vorurteile. Denn für sie sind nicht nur allein bauliche Veränderungen notwendig. Vielmehr sind bestimmte Rahmenbedingungen notwendig, auf die ich im Folgenden in dieser Hausarbeit genauer eingehen möchte.

Zunächst wird der Begriff Autismus erläutert sowie die am häufigsten auftretenden Erscheinungsformen benannt. Anschließend werden dann als ein Schwerpunkt dieser Hausarbeit mögliche Ursachen und charakteristischen Merkmale des frühkindlichen Autismus näher beschrieben. Anhand dessen soll dann die Frage geklärt werden, welche personellen und räumlichen Rahmenbedingungen in den Regeleinrichtungen gegeben sein müssen, um den Ansprüchen der Kinder mit frühkindlichem Autismus gerecht zu werden. Abschließend werden die einzelnen Aspekte dann noch einmal zusammengefasst.

1 Autismus

1.1 Definition

Der Begriff Autismus lässt sich von dem griechischen Pronomen „autos"=selbst, sowie „ismos"= Zustand bzw. Orientierung ableiten. Er wurde im Jahr 1911 von dem Schweizer Psychiater Eugen Bleuler geprägt und bezeichnet die Loslösung von der Wirklichkeit und die Zurückgezogenheit auf sich selbst.

Beim Autismus handelt es sich um „tiefgreifende Entwicklungsstörungen", die häufig auch als Störungen der Informations- und Wahrnehmungsverarbeitung bezeichnet werden. Menschen mit Autismus können Umweltreize nicht richtig einordnen und koordinieren. Sie haben Defizite in der Fähigkeit soziale Interaktionen und Kommunikationen anzuregen bzw. diese aufrechtzuerhalten. Aufgrund dessen haben sie Schwierigkeiten in der Gesellschaft zurecht-zukommen, da sie sich den Menschen gegenüber nicht richtig verständlich machen können und sie selber auch nicht richtig verstehen können. Menschen mit Autismus sondern sich oft von ihrer Außenwelt ab und bevorzugen eher ein Leben in ihrer eigenen vertrauten Gedanken- und Gefühlswelt mit gewohnten Tagesabläufen. Denn häufig neigen sie zudem an unflexiblen Verhaltensmustern sowie auch noch zu zahlreichen psychischen Begleitstörungen, wie z.b. Phobien und Schlaf-und Essstörungen, die in der Diagnostik und der jeweiligen Therapie ebenfalls berücksichtigt werden müssen. Durch Autismus verursachte Beeinträchtigungen können zwar häufig gebessert oder kompensiert, aber nicht geheilt werden. Die meisten Menschen sind ihr Leben lang auf Hilfe und Unterstützung angewiesen. Es gibt für Deutschland keine genauen Zahlen, wie viele Menschen von Autismus betroffen sind. (vgl. Schuster, 2013, S. 16 Schuster). Unklar ist auch, wodurch Autismus genau ausgelöst wird. Als Ursachen werden unter anderem genetische Veränderungen und Veränderungen im Gehirn genannt.

Der Autismus tritt in verschiedenen Formen auf, die in ihrer Symptomvielfalt und dem Schweregrad jeweils unterschiedlich ausgeprägt sind. Zunehmend werden auch leichtere Formen des Syndroms diagnostiziert, sodass eine Unterscheidung der Störungsbilder in der Praxis immer schwerer fällt. Zu den drei bekanntesten Erscheinungsformen des Autismus zählen der *Frühkindliche Autimus* auch *Kanner-Syndrom* genannt, der *Atypische Autismus* und das *Asperger-Syndrom*. Der *Hochfunktionale Autismus* wird als eine Unterform des früh-kindlichen Autismus betrachtet. Im ICD-10 (International Statistical Classification of Diseases and Related Health Problems) werden diese Formen als tiefgreifende Entwicklungsstö-rungen zu einer Diagnose *Autismus- Spektrum- Störung* zusammengefasst.

Im Folgenden soll insbesondere auf den frühkindlichen Autismus eingegangen werden.

1.2 Frühkindlicher Autismus als eine Erscheinungsform des Autismus

Das Syndrom Frühkindlicher Autismus (*early infantile autism*) wurde zum ersten Mal 1943 von dem US-amerikanischen Kinderpsychiater Leo Kanner beschrieben und ist demzufolge auch unter dem *Kanner-Syndrom* bekannt. Damals erklärte Kanner die Symptome dieser Entwicklungsstörung mit „starken Störungen in der Sprache, ängstlich zwanghaftem Bestehen auf Erhaltung der Gleichartigkeit der Umwelt, sowie extremen autistischen Abkapselungen". (vgl. Wilker, 1989, S.1 & vgl. Remschmidt, 2012, S.16). Des Weiteren können bestimmte Störungen in der Wahrnehmung typisch für dieses Syndrom sein.

Erste Symptome des Autismus treten nach dem ICD-10 der WHO bei Kindern bereits vor dem 3. Lebensjahr auf. Jungen sind weitaus häufiger betroffen als Mädchen. (vgl. Wing, 1973, S. 41) Um von einem frühkindlichen Autismus sprechen zu können, müssen Beeinträchtigungen vor allem in folgenden drei Bereichen auftreten: in der sozialen Interaktion, der Kommunikation und dem stereotypen repetitiven Verhalten.

Auffälligkeiten können in manchen Fällen schon kurz nach der Geburt des Kindes durch die Bezugspersonen festgestellt werden. Wiederum gibt es auch Fälle, bei denen die Entwicklung des Kindes anfangs normal verläuft und sich ab dem 2. Lebensjahr dann erste typische Symptome zeigen.

Jedoch muss die Diagnose bestimmter Merkmale nicht gleich auch für einen frühkindlichen Autismus sprechen. Es gibt aufgrund der Vielfalt an Symptomen nicht ein Bestimmtes, wodurch diese Erscheinungsform diagnostiziert werden kann. (vgl. Wilker, 1989, S.8) Hinter den Verhaltensauffälligkeiten können schließlich auch andere Erkrankungen stecken, die in den ersten Jahren auftreten können. „Jedoch liefert die Entwicklungspsychologie mit ihren genauen Kenntnissen über den Entwicklungsverlauf normaler Kinder mittlerweile schon einige präzise Anhaltspunkte für die Identifikation von Kindern, die wahrscheinlich autistisch sind" (Wilker, 1989, S. 16) Somit können förderliche Maßnahmen in den meisten Fällen schon rechtzeitig erfolgen und eine Verbesserung bei den Betroffenen erzielt werden. Eine vollständige Heilung ist jedoch nicht möglich, sodass die Menschen mit frühkindlichem Autismus ein Leben lang auf Hilfe angewiesen sind.

7

1.2.1 Mögliche Ursachen des frühkindlichen Autismus

Trotz umfangreicher Forschungsergebnisse gibt es bislang noch kein Erklärungsmodell, das vollständig und schlüssig die Entstehungsursachen der autistischen Störung belegen kann. Fest steht aber, dass autistische Störungen durch verschiedene Faktoren, die teilweise in Wechselwirkung miteinander stehen, ausgelöst werden und meist eine gewisse allgemeine kognitive Beeinträchtigung besteht.

Es können somit Ursachen von psychologischer, genetischer, hirnorganischer, sowie neurologischer Art für die Entstehung des frühkindlichen Autismus verantwortlich sein. Ich werde im folgenden Abschnitt nur einige davon kurz erläutern und Beispiele dafür nennen.

Eine Ursache wären z.b. Hirnschädigungen bzw. -funktionsstörungen, die durch Geburtskomplikationen, wie z.b. Sauerstoffmangel des Kindes, verursacht werden können. Autistische Kinder zeigen meistens schon im Säuglingsalter neurobiologische Besonderheiten wie Störungen des Schlaf-Wach-Rhythmus, Essstörungen, abnormes Schreien, Störungen der Ausscheidungsfunktionen, Sprachstörungen usw. (vgl. Wing, 1973, S.47f)

Für genetische Faktoren sprechen u.a. Familien- und Zwillings-Studien. In diesem Zusammenhang wird auch diskutiert, ob autistische Störungen selbst oder ihre Komponenten vererbt werden, etwa Faktoren der kognitiven, sprachlichen oder emotionalen Störungen. (vgl. Wing, 1973, S. 47)

Neurobiologische Ursachen könnten durch gestörte Eltern-Kind-Beziehungen, z.B. einer unbewussten Ablehnung durch die Eltern, hervorgerufen werden. Jedoch weisen Befunde eher darauf hin, dass die Störungen des Kindes sich umgekehrt auf die Eltern-Kind-Beziehungen auswirken. (Wilker, 1993, S.26)

1.2.2 Charakteristische Merkmale des frühkindlichen Autismus

Beim frühkindlichen Autismus entwickeln sich typische Symptome während der ersten Lebensjahre und sind meist im Alter von 3 bis 4 Jahren am stärksten ausgeprägt. Im Verlauf der kindlichen Entwicklung kann es dann immer wieder zu Verbesserungen oder Veränderungen der Beeinträchtigungen kommen. Im nachfolgenden Abschnitt werden einige bestimmte Merkmale näher erläutert, um ein besseres Verständnis über den frühkindlichen Autismus zu erzielen und die Rahmenbedingungen danach abzustimmen.

1.2.2.1 Auffälligkeiten in der sozialen Interaktion

Alle Menschen mit Autismus-Spektrum-Störungen haben insbesondere Schwierigkeiten mit sozialer Interaktion. Diese können bei jedem Betroffenen sehr unterschiedlich ausfallen. So kann man schon bei einigen Säuglingen bestimmte untypische Verhaltensmuster bemerken. Die Reaktionen auf Annährungsversuche, Berührungen oder Blickkontakte sind bei diesen selten angemessen. Sie werden entweder falsch wahrgenommen oder gar nicht erst zugelassen. Grund dafür ist meist eine sensorische Überempfindlichkeit oder die Angst vor dem Fremden. Daher bevorzugen sie eher die ruhigeren Bereiche und ziehen sich in diese zurück.

Einigen Kindern mit Autismus fehlt auch das Interesse an anderen Personen. Zudem ist die Fähigkeit sich am Verhalten anderer Kinder zu orientieren nicht vorhanden. Dadurch erlernen sie bestimmte Bewegungsmuster erst langsam, wie z.B. die Sprache oder Motorik. Demzufolge können sie sich auch Menschen gegenüber oft nicht verständlich machen bzw. sich nicht richtig ausdrücken, weder verbal noch nonverbal.

Im Gegensatz dazu setzen sie sich aber intensiv mit der dinglichen Welt auseinander und zeigen großes Interesse an Gegenständen. Dabei vergessen oder ignorieren sie manchmal die Menschen um sie herum.

Das Desinteresse an anderen Personen wird bei einigen im Verlauf der Entwicklung auch immer deutlicher, indem sie sich von diesen abkapseln und sich am liebsten alleine beschäftigen. Es gibt kaum Bemühungen ihrerseits Kontakt zu anderen aufzunehmen. Sie sind zudem nicht in der Lage sich in die Gefühlslage anderer Menschen hineinzuversetzen und auf diese entsprechend zu reagieren. „Daher wirken sie auf ihre Umwelt meist kühl und emotionslos", wobei sie intensive Gefühle besitzen. (vgl. Schuster, 2013, S.17) Jedoch wissen sie nicht, wie sie mit diesen richtig umgehen können.

Umgekehrt gibt es auch Kinder mit Autismus, die Kontakt zu anderen suchen und aufgeschlossen in einer vertrauten Umgebung sind. Die affektiven Störungen können in der späteren Kindheit auch meist zurückgehen, sodass eine Beziehung einzugehen, keine Schwierigkeiten mehr bedeutet. Das führt aber nicht zwangsläufig dazu, dass die übrigen Beeinträchtigungen verschwinden. (vgl. Wing, 1973, S. 28)

Der Autismus ist eben sehr vielfältig und man muss sich im Umgang mit Betroffenen auf unterschiedliche Verhaltensweisen einstellen, um entsprechend darauf reagieren und gezielte Förderung vornehmen zu können.

1.2.2.2 Auffälligkeiten in der Kommunikation

In der Sprachentwicklung gibt es bei Kindern mit frühkindlichem Autismus ein breites Spektrum an Auffälligkeiten.

Eine der am charakteristischsten auftretenden Sprachstörungen ist die *Echolalie*. Das bedeutet, dass das Kind echoartig gehörte Worte oder Laute endlos nachspricht bzw. wiederholt. (vgl. Wing, 1973, S. 21) Manchmal sogar tagelang. Viele autistische Kinder neigen zu solch einem repetitiven Sprachgebrauch. So werden auch Fragen manchmal nicht beantwortet, sondern auf diese Weise nur wiederholt. Einige Kinder kommen auch erst gar nicht ins Fragealter oder wenn, denn erst sehr spät.

Eine weitere Sprachabnormität ist die *verzögerte Echolalie*, bei dem das Kind Auszüge einer Unterhaltung bzw. von Gehörtem mit dem gleichen Tonfall des ursprünglichen Sprechers tagelang wiederholen kann. (vgl. Wing, 1973, S. 21)

Zudem entwickelt sich dadurch bei einigen Kindern auch eine pronominale Umkehr, wobei die Kinder sich selbst oft *du* nennen und ihr Gegenüber *ich*. Die Bezeichnung *ich* auf sich selbst zu beziehen lernen sie meist erst spät.

Die Kinder haben allgemein Schwierigkeiten bestimmte Sprachregeln richtig zu verstehen und anzuwenden, sodass das, was sie sagen manchmal gar keinen Sinn macht. Sie wenden Sprache eher mechanisch an, aber nicht als Mittel zur Kommunikation. Somit haben sie auch Schwierigkeiten damit, sich verständlich auszudrücken oder komplizierte Konstruktionen der Sprache anderer zu verstehen.

Weitere Symptome sind z.B. die nominale-Aphasie, bei der die Kinder versuchen ein Wort, an welches sie sich nicht erinnern können, anders zu beschreiben. So wird z.B. aus dem Wort *Teekessel* ein *Mach-eine-Tasse-Tee.* (vgl. Wing, 1973, S.22)

Ein weiteres Merkmal ist die Konstruktion vertraute sprachliche Sequenzen aus neuen Wörtern zu bilden. „Solche Ausdrücke haben für das Kind fast immer eine wörtliche Bedeutung, und es kann sehr ärgerlich und sehr enttäuscht sein, wenn es nicht verstanden wird." (Wing, 1973, S. 22)

Des Weiteren können Wörter in falsche Reihenfolge gesetzt werden, Beeinträchtigungen in der Artikulation bestehen, wie z.B. eine gleichbleibende Stimmmelodie und Lautstärke oder ein abgehackter Sprechrhythmus. Auch Mimik und Gestik werden von manchen Kindern wenig oder gar nicht verwendet. Sie neigen dann eher zu Handlungen, um sich auszudrücken und zu zeigen, was sie wollen. (vgl. Wing, 1973. S. 23)

1.2.2.3 Stereotypes und repetitives Verhalten

„Viele der folgenden Verhaltensweisen sind erklärbar, wenn man sie als einen Versuch des Kindes auffasst, in eine als chaotisch erlebte Welt einen Sinn hineinzubringen". (Wing, 1973, S.26) Dabei hält das Kind an Strukturen fest, welche es bereits erlernt hat und die ihm vertraut sind. Bestimmte Bewegungen oder Tätigkeiten werden oft in gleicher Weise wiederholt und ausgeführt. Jedoch haben sie Schwierigkeiten damit, Gewohnheiten bezüglich biologischer, wie z.b. essen, schlafen, etc., oder sozialer Art, aufzubauen.

Manche Kinder haben eine Vorliebe dafür, Gegenstände zu sammeln, wie Steine, Schuhe, Stifte, etc. und diese in einer bestimmten Art und Weise anzuordnen. Um diese Gegenstände zu bekommen, begeben sie sich sogar oftmals in große Gefahr, die sie nicht einschätzen können.

Die Kinder neigen dazu, an gewohnten Dingen und Ritualen festzuhalten und reagieren bekümmert, panisch oder wütend auf Veränderungen, wenn z.b. mal etwas von ihren Gegenständen fehlt oder nicht mehr an dem gewohnten Platz liegt. (vgl. Wing, 1973, S. 26) „Spontane Ausflüge oder flexible Planänderungen sind demzufolge nicht möglich. Vielmehr brauchen die Kinder feste Anhaltspunkte, gleichbleibende Strukturen, Routinen und Rituale." (Schuster 2013, S.19) So machen sie tagelang dieselben Dinge und weigern sich Neues zu erlernen.

Weitere Merkmale zeigen sich durch stereotype und repetitive motorische Bewegungen, wie z.B. Handgelenke verdrehen, mit den Armen schlenkern oder mit den Händen flattern.

Ein bemerkenswertes Verhalten ist jedoch das Interesse mancher autistischer Kinder, lange Gedichte oder Fahrpläne auswendig zu lernen oder sich für Dinge leidenschaftlich zu interessieren. (vgl. Wing, 1973, S. 26) Sie weisen in bestimmten Bereichen, wie z.b. der Mathematik, Kunst oder Musik, außergewöhnliche Leistungen auf. Man spricht hier auch von *Inselbegabungen* bzw. dem *Savant-Syndrom*.

Jedoch zeigen sie dann in anderen Bereichen starke bleibende Defizite oder körperliche Beeinträchtigungen, so dass sie meistens auf Hilfe angewiesen sind.

1.2.2.4 Auffälligkeiten der auditiven und visuellen Wahrnehmung

Auch Schwierigkeiten in der auditiven und visuellen Wahrnehmung können bei den Kindern auftreten.

Sie reagieren in einer gewissen Phase nicht auf verschiedene Geräusche, sodass sie z.B. laute Geräusche manchmal gar nicht wahrnehmen und sich das Gefühl von Taubheit einschleicht. (vgl. Wing, 1973, S. 20) Auf Rausch- oder Raschelgeräusche dagegen, also Geräusche mit

11

geringerer Intensität oder Echos, zeigen sie dann eine Reaktion und sind teilweise davon faszniert. Auch die Musik gehört dazu. Manche Kinder können sogar manche komplizierte Melodie richtig wiedergeben.

Typisch für Autismus ist auch die *auditive Meidung*. Das Kind reagiert auf gewisse Laute, wie laute Geräusche und gesprochene Sprache, ängstlich, „geht fort und hält sich dabei die Ohren zu oder gerät in Unruhe." (vgl. Wing, 1973, S. 20)

Weitere Auffälligkeiten treten in der visuellen Wahrnehmung auf. Kinder mit frühkindlichem Autismus haben ein Problem mit dem Erfassen des alltäglichen Geschehens und Gegenständen. So können sie manche Dinge nicht richtig erkennen oder Dimensionen nicht greifen. Spielzeugautos und Pkw im Straßenverkehr weisen für sie z.b. eine identische Größe auf. Die Entwicklung der Fähigkeit zur *Figur-Grund-Differenzierung* verläuft meist nur langsam. Es kann eine bestimmte Technik angewandt werden, wie z.b. Rufen, Pfeifen, Winken, um die Kinder auf etwas aufmerksam zu machen. (vgl. Wing, 1973, S. 23) Des Weiteren neigen manche Kinder oft zu peripheren Sehen. Dabei schauen diese Kinder an Objekten oder Personen vorbei. Ihr Blick schweift dabei ab und wird nicht auf das Wahrzunehmende fixiert. Es kann auch hier zu einer *visuellen Meidung* kommen, indem das Kind die Augen bedeckt oder den Kopf abwendet. „Wegen der Schwierigkeiten, visuelle Reize zu sinnvollen Strukturen zu verarbeiten, versucht das Kind oft, komplexe visuelle Strukturen [...] überhaupt nicht zu sehen." (Wing, 1973, S.24)

1.2.2.5 Komorbide Störungen

„Menschen mit *Autismus-Spektrum-Störungen* können komorbide Störungen, also psychische Erkrankungen, die parallel zu ihrem Autismus auftreten, aufweisen." (Schuster, 2013, S.19) Diese müssen ebenfalls berücksichtigt und bestenfalls durch spezielle Ärzte therapiert werden.

Darunter fallen z.B. Phobien, Zwangsstörungen, Essstörungen wie Bulimie, Schlafstörungen, Hyperaktivitätsstörungen und Depressionen.

Diese Störungen können natürlich dazu beitragen, dass der Alltag für die Kinder mit frühkindlichem Autismus zusätzlich erschwert wird. Durch eine frühzeitige Therapie kann aber erreicht werden, dass diese meist nicht oder nur in geringem Maße auftreten.

2 Förderliche Rahmenbedingungen für Kinder mit frühkindlichem Autismus

Kinder mit frühkindlichem Autismus benötigen aufgrund der zuvor erwähnten Vielfalt an Beeinträchtigungen ein hohes Maß an individueller und qualifizierter Betreuung. Trotz bestehender gesetzlicher Vorgaben, die ein Recht auf Teilhabe in der Gesellschaft und einen barrierefreien Zugang zum Bildungssystem gewährleisten sollen, bleibt vielen dieser Kinder ein Besuch in Regeleinrichtungen noch verwehrt, weil personelle Kriterien nicht erfüllt werden können oder bestimmte Rahmenbedingungen, meist aus finanziellen Gründen, nicht gegeben sind.

Um heilpädagogische Hilfen möglichst frühzeitig beginnen zu können und Folgen der Behinderung abzumildern oder sogar zu beseitigen, sollte eine Inklusion von Kindern mit Beeinträchtigungen daher schon in den Kindergärten einsetzen. Die Rahmenbedingungen sollten und müssten demzufolge an die Bedürfnisse der Kinder angepasst werden, sodass eine gute Teilhabe ermöglicht werden kann.

Im folgenden Abschnitt werde ich daher auf wichtige Kriterien für angemessene Rahmenbedingungen in Regeleinrichtungen in Bezug auf Kinder mit Autismus eingehen.

2.1.1 Personelle Rahmenbedingungen

Pädagogische Fachkräfte sollten in der Arbeit mit autistischen Kindern über eine offene Haltung verfügen, um sich individuell auf jedes einzelne Kind einstellen zu können. (vgl. Schuster, 2013, S.48) Beim Umgang mit den Kindern sollte ihnen neben Einfühlungsvermögen, auch mit Respekt und Wertschätzung begegnet werden, um einen besseren Zugang zu ihnen zu bekommen und Vertrauen aufzubauen. Die Erwartungen im Hinblick auf Fortschritte der Kinder sollten realistisch sein und nicht zu hoch angesetzt werden. Die Pädagogen benötigen daher ein hohes Maß an Geduld und Einfühlungsvermögen.

Weiterhin sollten Elterngespräche geführt werden, die Aufschlüsse über das Störungsbild und über die speziellen Besonderheiten des jeweiligen Kindes geben. Denn erst ein breites Spektrum an Informationen kann zu einer gezielten Förderung und Unterstützung führen, um das Kind so auch in sozialen Interaktionen einzubinden. Kinder mit Autismus haben große Fähigkeiten, die erkannt und genutzt werden müssen, um zukünftige Aufgaben und Lebenssituationen alleine bewältigen zu können. Hierfür eignen sich eine gute Beobachtungsgabe und ein regelmäßiger Austausch mit den Eltern und den Teamkollegen.

Um eine angemessene Förderung gewährleisten zu können, reicht aber nur das Grundwissen über verschiedene Beeinträchtigungen des frühkindlichen Autismus nicht aus. Es setzt vielmehr eine umfassende Auseinandersetzung mit der Thematik voraus. Dazu ist eine Teilnahme an verschiedenen Fort- und Weiterbildungen wichtig. (vgl. Schuster, 2013, S.44)

Ein weiteres wichtiges Kriterium ist die Kooperation mit Experten, wie Therapeuten und Ärzten des autistischen Kindes, die über spezielleres Wissen verfügen und zur Verbesserung der Verhaltensauffälligkeiten beitragen können.

Bei der Integration von Kindern mit Autismus kann in einigen Fällen zudem ein Integrationshelfer für die Begleitung des Kindergartenalltags sinnvoll sein. Wenn Eltern an so einem Helfer interessiert sind, „ist es möglich diesen über den Kindergarten anzustellen." (vgl. Schuster, 2013, S. 51) Er vermittelt zwischen dem autistischen Kind, den Fachkräften und Eltern und arbeitet gemeinsam mit ihnen an der Förderung. (vgl. ebd., S.51)

Weiterhin ist es vorteilhaft, auch die anderen Kinder in der Einrichtung mit einzubinden und diese über den frühkindlichen Autismus und seinen Besonderheiten aufzuklären. Es ist wichtig, dass diese Kinder wissen, wie sie sich den Betroffenen gegenüber verhalten können und müssen, um z.B. eine Ausgrenzung zu vermeiden. Die Aufklärung kann zum Beispiel mit Hilfe einer Puppe oder eines Buches geschehen. Auch deren Eltern sollten auf Eltern-Abenden über dieses Syndrom aufgeklärt werden, um bestimmte Verhaltensweisen besser einordnen und verstehen zu können.

Bei der Angebotsgestaltung sollte auf die Bedürfnisse aller Kinder Rücksicht genommen und somit ein breites Spektrum an Möglichkeiten zur Verfügung gestellt werden. Dafür ist es notwendig, dass gut ausgebildete pädagogische Fachkräfte neben Sonderpädagogen die Betreuung der Kinder übernehmen und auch eine eventuell notwendige Eins-zu-Eins Betreuung gewährleisten zu können. Gerade Kinder mit frühkindlichem Autismus benötigen eine verstärkte Aufmerksamkeit und spezielle Fachkenntnisse, um auf die unterschiedlichen Bedürfnisse angemessen reagieren zu können. Im Umgang mit den betroffenen Kindern ist auch auf die Formulierung von Äußerungen zu achten. Die Worte müssen so gewählt werden, dass sie von den Kindern auch verstanden werden.

Anhand dieser Beispiele kann man erkennen, dass eine Integration der Kinder in Regeleinrichtungen zwar möglich ist, doch dafür die personellen Anforderungen für eine Betreuung und gezielte Förderung der Kinder mit Autismus erfüllt sein müssen.

2.1.2 Räumliche Rahmenbedingungen

Die Räumlichkeiten sollten so gestaltet sein, dass Rückzugmöglichkeiten für die betroffenen Kinder vorhanden sind, da sie häufig nicht lange mit anderen Kindern in einem Raum bleiben können. (Schuster, 2013, S. 45) Daher sollten z.B. abgedunkelte Räume oder Rückzugsorte geschaffen werden, um eine Überforderung durch Reize zu vermeiden.

Zudem sind die bestimmten Besonderheiten der einzelnen Kinder zu beachten. Manche haben gewisse Angewohnheiten oder eine Abneigung gegen etwas. So können z.b. einige Kinder eine zu helle Beleuchtung nicht ertragen oder essen immer nur von einem bestimmten Teller und zu gewohnten Zeiten. Andere mögen es nicht berührt zu werden oder an bestimmten Gruppen-Aktionen teilzunehmen. Die Bedürfnisse der einzelnen Kinder sollten berücksichtigt und eine reizärmere Umgebung geschaffen werden, um zusätzliche Belastungen zu vermeiden. (Schuster, 2013, S.45) Zudem sollte ihnen Lehrmaterial oder Spielzeug zur Verfügung gestellt werden, um die besonderen Fähigkeiten der Kinder weiter ausbauen und stärken zu können.

2.1.3 Zeitliche Rahmenbedingungen

Bei den zeitlichen Rahmenbedingungen sollte auf lockere Strukturen verzichtet werden, da sie für autistische Kinder verwirrend und beängstigend sein können.

Sie bevorzugen zeitlich strukturierte Abläufe und immer wiederkehrende und gewohnte Vorgänge. Sie haben Schwierigkeiten mit Veränderungen umgehen zu können und halten an Ritualen fest. Aufgrund der beeinträchtigten Wahrnehmung und der Überempfindlichkeit bei Reizüberflutungen, ist für sie stets ein geregelter und gewohnter Alltag, wie z.B. Morgenkreis und geregelte Essenszeiten, durchaus von Vorteil.

3 Chancen für Kinder mit frühkindlichem Autismus

Richtig umgesetzt kann eine frühe Integration der autistischen Kinder eine erste Annährung an soziales Lernen schaffen und eine Kontaktaufnahme zu anderen Menschen ermöglicht werden. Jedoch sollten die Erwartungen nicht zu hoch angesetzt und viel Geduld mitgebracht werden.

Auch die Kinder, die nicht vom Autismus betroffen sind, können ein Gefühl für Andersartigkeit entwickeln und Vorurteile und Ängste abbauen. Somit kann eine eventuelle Ausgrenzung vermieden werden.

Durch die speziellen Forderungen der UN-Konvention, besonders dem inklusiven Gedanken, sollen die Bedürfnisse jedes einzelnen Kindes berücksichtigt und Kinder individuell und gezielt gefördert werden. Somit kann eine Verbesserung bestimmter Beeinträchtigungen erzielt und den Kindern geholfen werden.

Zudem wird ihnen ermöglicht, als Teil der Gesellschaft akzeptiert zu werden und durch spezielle Unterstützung auch in dieser zurechtzukommen.

4   Zusammenfassung

Zusammenfassend bleibt festzustellen, dass ein autistisches Kind sich in einer Regeleinrichtung gut entwickeln kann und das Miteinander in der Gruppe gelingt, sofern die entsprechenden Rahmenbedingungen geschaffen werden. Diese müssen jedoch flexibel gestaltet und immer wieder an neue Gegebenheiten angepasst werden können. Schließlich weist jedes Kind eine andere Vielfalt des Syndroms auf und hat somit jeweils andere Bedürfnisse, auf die sich die Regeleinrichtung einstellen muss.

Es bedarf daher an Professionalität und Offenheit, Vielfältigkeit zu akzeptieren und immer wieder neue Möglichkeiten schaffen zu wollen. Dafür müssen sich die pädagogischen Fachkräfte intensiv mit der Thematik *frühkindlicher Autismus* auseinandersetzen, um Unsicherheiten zu beseitigen und sich besser darauf einstellen zu können.

Wichtig für eine genaue Kenntnis über alle Beeinträchtigung dieses Syndroms und die sich daraus ableitenden Bedürfnisse ist auch die Kooperation mit den Eltern, Therapeuten und Ärzten. Die Zusammenarbeit ermöglicht dann den speziell ausgebildeten Fachkräften eine positive Vertrauensbasis aufzubauen und überfordernde Reize festzustellen und zu reduzieren. Zudem können so die Faktoren herausgefunden werden, die ein Abwehrverhalten auslösen und wie ein gemeinsames Spiel der Kinder angebahnt und gefördert werden kann. Sofern dagegen die Bedürfnisse eines Kindes mit Autismus nicht frühzeitig erkannt und berücksichtigt werden, können aggressive Verhaltensweisen oder ein extremes Zurückziehen kaum verhindert werden.

Eine bedürfnisorientierte und barrierefreie Regeleinrichtung kann Kindern mit frühkindlichem Autismus somit die Chance bieten, eine frühe Förderung der erkannten Potenziale zu ermöglichen und zugleich zu einer Verbesserung der Symptome und der Lebensqualität der Kinder beitragen. Durch Interkationen mit anderen kann ihnen ein Gefühl der Zugehörigkeit statt Abgrenzung vermittelt werden und sie auf diese Weise ein Teil der Gesellschaft werden lassen. Autistische Kinder werden nicht von selbst gemeinschaftsfähig, sondern benötigen umfangreiche professionelle Unterstützung, um nicht in ihren stereotypischen Verhaltensweisen stecken zu bleiben.

Um eine Inklusion in Regeleinrichtungen aber auch praktisch realisieren zu können, müssen seitens der Politik nicht nur finanzielle Mittel für bauliche Veränderungen zur Verfügung gestellt werden. Vielmehr gilt es auch die personellen Rahmenbedingungen zu schaffen. Gerade bei Kindern mit frühkindlichem Autismus mit dem breiten Spektrum an Verhaltensauffälligkeiten besteht häufig ein Gefühl von Überforderung. So fehlen in vielen Regeleinrichtungen die pädagogischen Konzeptionen sowie die räumlichen und sächlichen Ausstattungen, damit Kinder mit einer Autismus-Diagnose ihre Anlagen und Fähigkeiten wie andere Kinder entfalten können. Aufgrund dessen gestaltet sich der Besuch einer Regeleinrichtung derzeit oft noch sehr schwierig. Daher besucht ein Großteil dieser Kinder meistens noch eine Sonder-oder Förderschule oder eben einen integrativen Kindergarten. Jedoch haben einzelne Regeleinrichtungen die Probleme bewältigen können und ermöglichen den Kindern somit eine Chance der Teilhabe. Auch wenn Autismus nicht heilbar ist und viele Autisten sich nicht helfen lassen wollen, ist es trotzdem wichtig, ihnen zu zeigen, dass sie dazugehören und eine Unterstützung jederzeit für sie möglich ist.

Literaturverzeichnis

Aarons, M. & Gittens, T. (2007): *Das Handbuch des Autismus. Ein Ratgeber für Eltern und Fachleute* (2.Auflage). Weinheim und Basel: Beltz Verlag

Remschmidt, H. (2012): *Autismus. Erscheinungsformen, Ursachen, Hilfen.* München: Verlag C.H. Beck

Schuster, N. & Schuster, U. (2013): *Vielfalt leben – Inklusion von Menschen mit Autismus-Spektrum-Störungen. Mit praktischen Ratschlägen zur Umsetzung in Kita, Schule, Ausbildung, Beruf und Freizeit.* Stuttgart: W. Kohlhammer GmbH

Wilker, F.-W. (1989): *Autismus.* Darmstadt: Wissenschaftliche Buchgesellschaft

Wing, J.K. (Hrsg.) (1973): *Frühkindlicher Autismus. Klinische, pädagogische und soziale Aspekte.* Weinheim und Basel: Beltz Verlag

Stiftung Linerhaus (2002): Abgerufen am 16.01.2018 von URL: http://www.stiftung-linerhaus.de/jugendhilfe/autismus/autismus_ht

BEI GRIN MACHT SICH IHR WISSEN BEZAHLT

- Wir veröffentlichen Ihre Hausarbeit,
  Bachelor- und Masterarbeit

- Ihr eigenes eBook und Buch -
  weltweit in allen wichtigen Shops

- Verdienen Sie an jedem Verkauf

Jetzt bei www.GRIN.com hochladen
und kostenlos publizieren